LA GRÂCE PRÉVENANTE

UNE ÉTUDE DE 4 SEMAINES

DAN BOONE

Copyright © 2023
The Foundry Publishing®
Lenexa (Kansas) USA

978-1-56344-980-2

Ce livre a été initialement publié sous le titre
Prevenient Grace
par Dan Boone
Cette édition est publiée avec l'accord
de The Foundry Publishing
et Global Nazarene Publications.

TOUS DROITS RÉSERVÉS

Aucune partie de cette publication ne peut être reproduite, stockée dans un système d'archivage ou transmise sous quelque forme ou par quelque moyen que ce soit (électronique, photocopie, enregistrement, etc.) sans l'autorisation écrite préalable de l'éditeur. La seule exception concerne les brèves citations dans les revues imprimées.

Conception de la couverture : Rob Monacelli
Conception d'intérieur : Sharon Page

Sauf mention contraire, toutes les citations bibliques sont tirées de La Bible du Semeur (BDS). La Bible du Semeur™ Copyright © 1992, 1999, 2015, Biblica, Inc. Utilisé avec permission. Tous droits internationaux réservés.

Les passages marqués (MSG) sont tirés de The Message (MSG). Copyright © 1993, 2002, 2018 par Eugene H. Peterson. Utilisé avec la permission de NavPress. Tous droits réservés. Représenté par Tyndale House Publishers, Inc.

Les adresses Internet, électroniques et les numéros de téléphone figurant dans cet ouvrage sont exacts au moment de la publication. Ils sont fournis à titre de ressource. The Foundry Publishing ne les approuve pas et ne se porte pas garant de leur contenu ou de leur permanence.

SEMAINE 1

OÙ EST DIEU ?

Je suis fasciné par le dernier livre des Saintes Écritures, l'Apocalypse de Jésus à Jean. Dans un monde inondé d'images de super-héros, qui ne serait pas surpris de voir des chevaux rouge vif, des bêtes de l'abîme et des armées de sauterelles ? Pour ceux qui pensent que l'histoire de Dieu est fade, lisez l'Apocalypse! C'est aussi intéressant de constater qu'il comporte plus de titres en référence à Dieu que n'importe quel autre livre. On dirait que l'auteur a passé un râteau sur les soixante-cinq autres livres de la Bible et qu'il a rassemblé tous les titres. Mon titre préféré apparaît vers le début : « Moi je suis l'Alpha et l'Oméga », dit le Seigneur Dieu, celui qui est, qui était et qui vient, le Tout-Puissant. » (1.8).

Ce titre situe Dieu dans le temps. C'est l'Apocalypse du Dieu qui est le commencement, le premier, l'Alpha, le A de notre histoire, et aussi du Dieu qui en est la fin, le dernier, l'Oméga, le Z de notre histoire. On est entouré de part et d'autre de la présence de ce Dieu. Les lettres A à Z qui décrivent l'histoire de notre existence se trouvent toutes dans l'alphabet de Dieu. Du premier au dernier souffle et au-delà, notre vie est vécue à l'intérieur de la présence de Dieu.

Il n'y a jamais eu un moment où Dieu n'était pas engagé avec nous. C'était une bonne nouvelle pour les gens qui étaient sous l'emprise de l'Empire romain et de sa domination bestiale. L'histoire de l'Apocalypse les plaçait carrément au cœur de l'histoire et de l'activité de Dieu. Ils n'étaient pas des acteurs oubliés sur la scène mondiale, mais des personnes qui comptaient pour le Tout-Puissant. Ils vivaient dans la présence du Dieu qui est avec eux dans leur crise actuelle, qui était avec eux et avec chaque humain à travers le temps, et qui vient avec eux dans la prochaine étape de conscience.

Nous parlons de la grâce prévenante comme si c'est Dieu qui nous cherchait ou qui nous trouvait et non l'inverse, parce que Dieu a toujours été là. Dieu est notre passé, notre présent et notre avenir. Dieu est avant nous, avec nous et après nous. C'est pourquoi l'Apocalypse parle de Dieu comme du commencement et de la fin, du premier et du dernier, de l'Alpha et de l'Oméga (la première et la dernière lettre de l'alphabet grec).

Comment de ce fait rencontrer Dieu ? En étudiant les écritures anciennes pour trouver les empreintes divines dans l'histoire de l'humanité ? En regardant les nouvelles pour détecter l'activité de Dieu dans les événements actuels ? En scrutant le ciel en vous demandant ce que l'avenir peut vous apporter ? Oui, Dieu est là. Passé. Présent. Futur. Dieu est là, que nous le sachions, que nous le reconnaissions ou que nous en fassions l'expérience ou pas. La grâce prévenante est le don de Dieu qui nous permet de faire l'expérience de Dieu dans notre passé, notre présent et notre avenir. Dieu a précédé notre connaissance, notre recherche et notre expérience pour nous rendre capables de recevoir la révélation.

Lorsque je pense aux personnes à qui l'Apocalypse est destinée, je me dis qu'elles avaient besoin qu'on leur rappelle que le Dieu qui avait été avec elles dans le passé, et qui était aussi avec elles dans le présent, venait à elles à partir de leur avenir. Nous connaissons Dieu parce que le Dieu qui nous a toujours connus se tient dans notre avenir, nous permettant d'en faire l'expérience. C'est le don de la grâce prévenante, la grâce qui nous précède et la grâce qui nous vient de l'avenir.

Dieu a devancé notre connaissance, notre recherche et notre expérience pour nous rendre capables de recevoir la révélation.

Imaginez qu'un jeune parent apprenne à son bébé qui rampe à faire ses premiers pas. Il se place derrière l'enfant, pose ses mains sur sa couche et le dirige vers une pièce remplie de fils électriques sur lesquels il risquerait de trébucher, aux bords de tables contre lesquels il peut se cogner et d'obstacles qui lui barrent la route. Ils ordonnent ensuite à l'enfant de marcher et le poussent doucement par l'arrière. Ils attendent de l'enfant qu'il fasse ce qu'il était incapable de faire auparavant. Nous donnerions une note éliminatoire à ce parent, n'est-ce pas ?

Imaginez un autre parent, qui observe attentivement la croissance de son enfant au fur et à mesure qu'il grandit et qui sait quand il présente des signes indiquant qu'il est prêt à faire ses premiers pas. Ce parent dégage le chemin à l'avance, place l'enfant à côté d'un objet solide auquel il peut s'accrocher, traverse la pièce avant l'enfant, s'agenouille à la hauteur des yeux de ce nourrisson qu'il connaît intimement, ouvre les bras et invite l'enfant à venir vers lui. À ce moment-là, quelque chose de fascinant se produit dans le corps du bébé. Soudain, il s'aperçoit qu'il peut faire ce qu'il était incapable de faire un instant auparavant, en s'appuyant sur l'amour de celui qui le connaît et en lui faisant confiance. Ils marchent tous deux vers l'avenir, non pas parce que quelqu'un les a poussés par derrière et l'a exigé, mais parce que quelqu'un qui les connaît est allé en avant pour préparer leur chemin et s'est tenu patiemment attendant l'étape suivante, les encourageant et les invitant à avancer.

Il est difficile de marcher vers notre avenir lorsqu'on regarde en arrière, mais pour une raison quelconque, on semble penser qu'on peut expliquer aux gens qu'ils ont une expérience avec Dieu simplement en pointant vers le passé et en leur disant ce que Dieu a fait auparavant. Bien que cela puisse les rendre quelque peu confiants, tel un meuble solide sur lequel un enfant s'appuie, cela ne les ouvre pas à la possibilité que Dieu vienne de leur avenir et se présente dans leur présent pour les inviter à emprunter la voie de la vie. La grâce prévenante consiste à s'éveiller au Dieu qui se tient sur le chemin de notre avenir.

J'aurais aimé comprendre cette vérité plus tôt dans ma vie. J'ai toujours lu la Bible comme un récit de l'activité passée de Dieu, et j'ai jeté un regard en arrière en essayant de situer Dieu. Mais en réalité, la Bible est l'histoire d'un Dieu qui se manifeste dans le futur.

Dans la Genèse, Dieu semble dépasser les ténèbres chaotiques qui planent sur les profondeurs et se tient devant elles, depuis l'avenir, appelant la création à l'existence (voir Genèse 1).

Dieu devance Abram et lui annonce des bénédictions pour tous les peuples grâce à la tribu qui sera issue de ses gènes (Genèse 12).

Dieu se présente dans le buisson ardent à Moïse à Madian avant que celui-ci n'arrive avec son troupeau et ne délivre un peuple qui crie en Égypte. Ce peuple ne sait même pas que Dieu est allé en avance pour appeler Moïse (Exode 3).

Dieu devance Marie et envoie un ange pour lui expliquer la grossesse à venir. Dieu devance les questions raisonnables de Joseph au sujet de cette même grossesse (Matthieu 1 ; Luc 1).

Dieu précède les apôtres, en les appelant à pêcher une autre sorte de poisson (Matthieu 4.18-22 ; Luc 5.1-11).

Dieu vient toujours à nous depuis l'avenir, nous invitant à entrer dans son royaume à venir.

Dieu se tient devant le tombeau de Lazare, créant le prochain souffle à l'intérieur d'un cadavre (Jean 11).

Dieu précède Saul sur le chemin de Damas (Actes 9).

Ces récits du passé devraient nous conforter dans l'idée que Dieu nous précède, qu'il crée notre avenir alors même que nous vivons. Et nous sommes rendus capables de faire l'expérience de ce Dieu et de participer à ce futur que seul Dieu est capable de créer pour nous. La grâce prévenante ne s'éteint pas lorsque nous faisons l'expérience de la grâce salvatrice de Dieu. Dieu nous précède toujours, ou, mieux encore, Dieu vient toujours à nous depuis l'avenir, nous invitant à entrer dans son royaume avenir.

Lorsqu'on dit « que ton règne vienne », on participe à une réalité qui est passée, présente et future. Ce royaume est assuré par la résurrection de Jésus. L'Apocalypse le proclame Seigneur des seigneurs et Roi des rois (17.14). La grâce de ce royaume fait irruption dans le présent chaque fois que Dieu nous ouvre à l'expérience de sa puissance et de sa présence. On entre dans l'avenir qui nous est offert en Christ.

Si cette réalité est si transformatrice, pourquoi de nombreuses personnes n'en savent-elles rien ? Je la compare souvent aux signaux radio ou sans fil. Il est possible que quelque chose soit présent, même à ce moment précis, dont on n'est absolument pas conscient. Bien qu'on soit rendu capable de faire l'expérience de Dieu dans ce moment présent, on a aussi la liberté de résister à cette prise de conscience. Résister à la grâce est une liberté humaine à laquelle Dieu ne déroge pas. Plus on exerce cette liberté, plus il est facile de s'endurcir face au Dieu présent. J'ai souvent suggéré à des amis qui ne connaissent pas Dieu de faire comme si Dieu était présent l'instant d'une journée et de lui parler ; de l'écouter, de le chercher. De vérifier s'il y a un sondage de Dieu dans les questions honnêtes de leur cœur. D'être ouvert à une voix qui prononce des paroles d'invitation aimante. D'être prêt à recevoir des cadeaux inattendus. Je ne dis pas cela parce que je crois qu'il existe une formule de recherche humaine qui peut toujours trouver Dieu de manière fiable. Je le dis parce que l'Écriture et l'expérience m'assurent que Dieu est déjà là.

Parfois, cette façon de penser que Dieu se tient dans notre avenir nous amène à croire que Dieu a déjà dicté les détails de notre vie. Cette perception fait de Dieu un type divin de météorologue ou de diseur de bonne aventure, dont les prévisions ou prédictions — si Dieu en faisait — se réaliseraient à coup sûr dans les jours à venir. Si Dieu opérait de cette manière, il nous laisserait peu de place pour remplir notre rôle de partenaires créatifs de Dieu dans l'élaboration d'une vie et d'un monde. Si tout est prédéterminé et planifié, Dieu ne se montrerait que pour nous annoncer les prévisions. La vie chrétienne est bien plus créative que cela. Dieu invite l'humanité, à commencer par Adam et Ève, mais aussi nous aujourd'hui, à un partenariat créatif dans lequel nous prenons soin de la création et la gouvernons, avec le Créateur. L'avenir se déroule dans notre réponse à Dieu. Parfois, il s'agit d'une réponse d'obéissance, et le royaume vient, et la volonté de Dieu est faite sur la terre comme elle l'est au ciel. Parfois, il s'agit d'une réponse de désobéissance, qui entraîne des conséquences néfastes pour l'humanité.

L'avenir que Dieu souhaite pour nous est que nous soyons restaurés à l'image et à la ressemblance de Jésus.

Telle est la volonté de Dieu pour chaque créature. Et Dieu se tiendra à chaque instant futur, tant que nous respirerons dans notre corps, pour nous inviter à entrer dans cette réalité. Nos vies ne sont pas tracées à l'avance. Elles se déroulent jour après jour, en fonction de la manière dont nous répondons ou non à la grâce que Dieu nous offre. Si je veux aller de New York à Los Angeles, je peux emprunter de nombreux chemins. Si je suis libre de faire ce que je veux le présent jour, je peux me trouver en train de me rapprocher ou de m'éloigner de la destination souhaitée. La grâce prévenante indique que Dieu a une destination en tête pour nous : la restauration à l'image de Jésus. Dieu se tiendra à chaque fourche de la route, à chaque allée sans issue et à chaque carrefour, nous invitant à choisir le chemin qui mène à la vie, mais c'est à nous qu'il revient de faire ce choix.

Dieu a déjà vu aujourd'hui à l'avance. Quel sera votre prochain choix ?

SEMAINE 1 : OÙ EST DIEU ?

JOURNAL ET RÉFLEXION

Faites une pause pour réfléchir à ce que vous avez lu. Qu'avez-vous entendu ? Reformulez-le en vos propres termes. Appropriez-vous-en. Qu'est-ce que Dieu met en exergue dans ce chapitre pour que vous y réfléchissiez davantage ? Qu'est-ce que Dieu vous dit ?

PRIÈRE

Imaginez que Jésus se tient au pied de votre lit lorsque vous vous réveillez, et qu'il vous invite à entrer dans la journée qui s'annonce. Il travaille à faire toutes choses nouvelles. Qu'est-ce que Jésus pourrait vous dire au sujet de la journée qui s'annonce et de la manière dont vous pouvez vous joindre à lui dans son œuvre ?

DISCUSSION

1. Définissez la grâce prévenante par vos propres termes.

2. Où avez-vous tendance à chercher Dieu : dans votre passé, votre présent ou votre futur ?

3. Racontez comment vous avez pris conscience de l'existence de Dieu pour la première fois et comment vous avez réagi.

4. Comment voyez-vous votre avenir ? Comme déjà déterminé et préétabli, ou plutôt comme un roman d'aventures que vous choisissez et qui s'écrit chaque jour ?

5. Que diriez-vous à un ami qui n'a jamais fait l'expérience de Dieu mais qui se montre ouvert à cette idée ?

NOTES

SEMAINE 2

CORNEILLE ET PIERRE

Si l'Apocalypse présente un certain intérêt en raison de son imagerie et de son symbolisme, le livre des Actes des Apôtres l'est tout autant en raison de la course effrénée à laquelle se livrent les premiers disciples de Jésus. La meilleure façon de décrire ce livre serait que certains disciples de Jésus qui ont vécu la crucifixion et la résurrection sont montés dans un manège appelé « Puissance de la Pentecôte » et se sont accrochés à la vie pendant vingt-huit chapitres. Les rebondissements, les virages, les plongées et les surprises sont aussi imprévisibles que n'importe quel voyage jamais imaginé. Dieu est allé au-devant de son peuple, lui a donné les moyens d'être son témoin et a ensuite préparé la voie pour son ministère.

Je suis émerveillé par l'action de l'Esprit de Jésus ressuscité dans les Actes des Apôtres. Ils étaient loin de se douter que des langues de feu et un vent puissant et impétueux les attendaient dans une chambre haute. Ils étaient loin de se douter qu'ils témoigneraient de l'expérience de la Pentecôte dans des langues qu'ils n'avaient jamais parlées auparavant, afin que tous ceux qui étaient venus de diverses nations et de pays lointains puissent les comprendre. Pierre et Jean étaient loin de se douter que leur visite au temple aboutirait à la marche d'un boiteux, à leur arrestation et à une réunion de prière qui secouerait la maison. Tout au long du livre des Actes, nous pouvons répéter : *ils étaient loin de se douter*. Mais ce que nous savons maintenant, c'est que Dieu les précédait, orientant leurs paroles et leurs actions et ouvrant les cœurs de ceux qui allaient entendre l'histoire de Jésus. Le livre des Actes est une grande histoire de la grâce

SEMAINE 2 : CORNEILLE ET PIERRE

Bien avant que la mission chrétienne ne parvienne à Corneille dans les Actes, Dieu était déjà à l'œuvre.

---

préventive de Dieu à l'œuvre dans la conversion des païens et dans la propagation de l'Évangile.

L'une de mes histoires préférées dans les Actes est celle de Corneille, que nous rencontrons au chapitre 10. C'est un centurion romain qui vit à Césarée. En tant que soldat de l'empire, il est un païen aux yeux du peuple de Dieu à Césarée. Mais lorsqu'on nous le présente, on nous dit que c'est un homme pieux qui craint Dieu, qui donne généreusement aux autres et qui prie souvent (v. 2). Comment sait-il faire cela ? Quelqu'un l'a-t-il déjà présenté à Jésus ? Est-il comme les gens dont David Busic parle dans *Chemin, Verité, Vie*, ceux qui ont rêvé de Jésus dans des régions où l'évangélisation chrétienne était illégale, ou les tribus qui ont vu le film *Jesus* et ont déclaré que cet homme leur avait déjà rendu visite ?[1] Bien avant que la mission chrétienne n'arrive à Corneille dans les Actes, Dieu était déjà sur les lieux.

Un jour, alors que Corneille était en train de prier, Dieu vient à lui par l'intermédiaire d'un ange et lui dit de faire venir un homme de Joppé nommé Simon Pierre. L'ange lui donne même l'adresse où se trouve Pierre. Corneille envoie donc ses serviteurs chercher Pierre (vv. 3-8). Alors qu'ils sont en route pour aller chercher Pierre, Dieu précède Pierre pour le préparer à la visite de Corneille. Pierre n'est pas encore prêt pour cette rencontre.

Il est monté sur le toit de la maison de Joppé qui lui servait de lieu de prière, et Dieu l'y attendait. Lorsque

---

1. David A. Busic, *CHEMIN, VÉRITÉ, VIE: Le discipulat, un parcours de grâce* (Lenexa, Kansas : Éditions Foi et Sainteté, 2021), 46–47.

l'estomac de Pierre suggère qu'il est temps de manger, Dieu lui sert une vision : celle d'un drap qui descend vers lui, rempli d'animaux à quatre pieds, de reptiles et d'oiseaux, tous auparavant déclarés impurs par Dieu et interdits à la consommation du peuple juif pieux. Dans la vision, une voix dit à Pierre de se lever, de tuer les créatures et d'en manger. En saint homme qu'il est, Pierre refuse parce qu'il connaît la loi de Dieu et n'est par conséquent pas prêt à l'enfreindre. La voix suggère à Pierre de tenir compte d'une chose : si Dieu les met sur la table, ce n'est peut-être pas à Pierre de les déclarer impurs. Cette interaction se répète trois fois (vv. 9-16). La grâce de Dieu est persistante.

Alors que Pierre est dans une confusion totale sur le toit, alors qu'il essaie encore de démêler le casse-tête, les hommes de Corneille apparaissent à la porte d'entrée à ce moment précis et le demandent. L'Esprit dit à Pierre de les écouter et de les suivre parce qu'ils sont envoyés par l'Esprit. Pierre obéit, les hommes lui parlent de Corneille et Pierre les invite à passer la nuit chez lui (vv. 17-23). Apparemment, Pierre enfreint le protocole de pureté juive en accueillant ces païens et en acceptant d'être hébergé à Césarée par Corneille, un autre païen.

Le lendemain, ils entreprennent le voyage de deux jours vers Césarée. Lorsqu'ils arrivent, Pierre a apparemment eu le temps de réfléchir à sa vision de Joppé et d'en comprendre la signification, car il partage sans ambages sa conclusion à Corneille et à tous ceux qui l'écoutent : « Vous savez que la Loi interdit à un Juif de fréquenter un étranger ou d'entrer chez lui. Mais Dieu m'a fait comprendre qu'il ne faut considérer aucun être humain comme souillé ou impur. Voilà pourquoi je n'ai fait aucune

La grâce de Dieu est persévérante.

difficulté pour venir quand vous m'avez appelé. A présent, puis-je savoir pour quelle raison vous m'avez fait venir ? » (vv. 28-29).

Corneille répète l'histoire de sa visite par l'ange de Dieu et invite Pierre à lui dire, ainsi qu'à ses invités, tout ce que Dieu veut, et c'est ainsi que Pierre devient le premier chrétien juif à prêcher l'Évangile du Christ aux Gentils (vv. 30-43). Pendant qu'il parle, le Saint-Esprit tombe sur la foule rassemblée, et Pierre est choqué de constater que l'Esprit peut aussi venir aux païens, tout comme il est venu à lui et à ses coreligionnaires juifs en Actes 2. Ils sont tous baptisés au nom de Jésus (vv. 44-48).

Dieu faisait une fois de plus quelque chose de nouveau, et avant même d'inviter Pierre à en faire partie, Dieu a devancé Pierre pour ouvrir la voie à la compréhension et à l'obéissance de ce dernier. C'est ce qu'on appelle la grâce préventive. Le salut ne vient pas dans la maison de Corneille parce que des hommes ont organisé une conférence de planification sur la manière d'atteindre les familles militaires des païens. Ils n'ont pas élaboré une stratégie d'évangélisation, collecté des fonds, imprimé des brochures sur le salut ou fait du porte-à-porte à Césarée. Le salut est arrivé à Césarée parce que Dieu a agi et que l'Esprit lui a donné un coup de pouce.

Cette histoire révèle la grâce prévenante qui était à l'œuvre chez un homme qui connaissait peu Jésus et chez un homme qui avait suivi Jésus depuis le début de son ministère public. Dieu est venu à Corneille, mais il est aussi venu à Pierre pour le préparer à la rencontre. Bien que beaucoup appellent cette histoire la conversion de Corneille, on pourrait aussi l'appeler la conversion des catégories de Pierre. La grâce pénétrante de Dieu a brisé

> Le salut est venu à Césarée parce que Dieu a agi et l'Esprit a donné un coup de pouce.

la croyance fondamentale et parfaitement raisonnable de Pierre sur l'impureté de tout ce qui était en dehors de la tradition juive. Il est vrai que le judaïsme a été conçu comme une religion exclusive au départ, mais il est également vrai que Dieu a toujours prévu de l'étendre et de la rendre inclusive pour tous. Dès la première fois que Dieu a appelé Abraham, il lui a dit qu'il construirait cette nation du peuple de Dieu dans le but de bénir (ce qui implique d'inclure) tout le monde (Genèse 12.2-3). Dans Actes 10, Dieu met en œuvre cet objectif de manière plus complète, en commençant par aider Pierre à considérer chacun comme une création de Dieu, capable d'être les mêmes vases de l'Esprit Saint que le peuple juif l'était le jour de la Pentecôte dans Actes 2.

Lorsque notre marche avec Dieu devient une collection d'opinions religieuses et de jugements sur les autres, on s'endurcit dans des schémas qui nous empêchent d'avancer au même rythme que l'activité de Dieu dans le monde. C'est pourquoi la grâce est nécessaire sous toutes ses formes. L'œuvre sanctifiante de Dieu brise et purifie nos catégories, ce qui nous permet de reconnaître la grâce prévenante de Dieu qui entre dans le monde comme une grâce salvatrice. Nous vivons de grâce en grâce.

L'éclatement de nos catégories exige que nous soyons ouverts aux expériences que Dieu dépose sur nos genoux lorsque nous sommes suffisamment calmes pour prier. La course effrénée de la puissance pentecôtiste suit la voie que Dieu trace devant nous, même si nous ne la voyons pas ou ne la comprenons pas encore. C'est pourquoi la vie chrétienne est appelée « le chemin ». C'est une piste, une route, un voyage, une aventure avec et vers

Dieu. La grâce prévenante nous invite à faire le voyage, mais la grâce prévenante nous prépare aussi, nous et les autres, à ce que Dieu est en train de faire.

Vous voulez vous amuser ? Regardez à travers les lunettes de la grâce prévenante. Lisez le livre des Actes des Apôtres à travers cette lentille spéciale et cherchez toutes les façons dont Dieu précède les apôtres, ouvrant le cœur des hommes au message de Jésus. Notez les miracles qui se produisent à travers les apôtres et ceux que Dieu seul peut accomplir. Notez également leur émerveillement lorsqu'ils voient Jésus utiliser leurs mains et leurs pieds dans leur monde. C'est un jeu qui en vaut la chandelle.

SEMAINE 2 : CORNEILLE ET PIERRE

JOURNAL ET RÉFLEXION

Faites une pause pour réfléchir à ce que vous avez lu. Qu'avez-vous entendu ? Reformulez-le en vos propres termes. Appropriez-vous-en. Qu'est-ce que Dieu met en exergue dans ce chapitre pour que vous y réfléchissiez davantage ? Qu'est-ce que Dieu vous dit ?

PRIÈRE

Songez aux personnes de votre entourage que Dieu recherche activement. Y a-t-il une expérience de pique-nique, comme la vision de Pierre, qui nécessite la sanctification de vos valeurs afin que puissiez être participant de la grâce de Dieu qui leur est offerte ? Gardez à l'esprit que la grâce de Dieu est offerte aux autres indépendamment de notre participation. Lorsqu'on manque, ignore ou nie ce que Dieu fait dans la vie des autres, on se néglige soi-même.

DISCUSSION

1. Quand avez-vous fait l'expérience de Corneille dans votre vie ?

2. Quand avez-vous fait l'expérience de Pierre dans votre vie, où Dieu a brisé vos valeurs ?

3. On prétend qu'une grande partie de ce que l'Eglise essaie de faire aujourd'hui est possible sans la puissance du Saint-Esprit. Que pensez-vous de cette affirmation ? Un travail qui peut être accompli sans le Saint-Esprit est-il utile en fin de compte ? Quel est le travail que vous devez accomplir et qui pourrait nécessiter que Dieu vous devance ?

4. Votre cheminement de foi ressemble-t-il davantage à un ensemble concret de croyances qui donnent un sens aux choses, ou s'apparente-t-il davantage à une chevauchée sauvage et imprévisible où tout peut arriver ?

5. Que pensez-vous que Dieu est en train de faire dans votre ville ces jours-ci ? Comment pourriez-vous y participer ?

SEMAINE 2 : CORNEILLE ET PIERRE

NOTES

NOTES

SEMAINE 3

LE DIEU QUI NOUS RÉVÈLE QUI NOUS SOMMES

J'ai passé plus de quarante ans de ma vie sur un campus universitaire. Les étudiants représentent une partie unique et généralement transitoire de notre population qui goûte souvent aux eaux de l'indépendance et de ce que signifie être humain et exister en communauté. Il n'est pas rare que les étudiants soient anxieux, dépressifs, incertains, remplis de colère et seuls, car ils portent le poids de leur enfance et éventuellement de traumatismes passés, tout en se heurtant aux dures limites du « monde réel », souvent pour la première fois. Les étudiants et les jeunes adultes toutes générations confondues ont été aux prises avec les substances, les médias et la technologie, ainsi que les causes sociales. Et tout cela se passe dans un monde qui est et a toujours été amèrement divisé sur les questions de sexe, de race, de religion et de politique.

Pour certains, ce monde est un voleur qui vient dérober la joie, tuer l'avenir et détruire une vie florissante. Nous vivons tous dans ce monde et subissons ses influences formatrices. Les étudiants et les jeunes adultes ne sont ni les premiers ni les seuls à s'interroger sur leur propre humanité et sur le sens de l'existence, mais ils sont peut-être les mieux placés pour y réfléchir de manière plus approfondie. L'université en particulier, et la vie de jeune adulte en général, est un lieu et un moment évidents pour se confronter à la réalité qu'il y a un chemin qui mène à la vie et un chemin qui mène à la mort, et que la façon dont nous marchons détermine qui on est.

Qui suis-je ? Comment vais-je vivre ? Qu'est-ce que je veux ? Sont peut-être-là les questions les plus importantes auxquelles chacun d'entre nous devra inéluctablement répondre pour lui-même. Je suis reconnaissant à Alan Noble d'avoir écrit un livre sur l'identité, les comportements et le sens qui en résultent. Au cœur de l'anxiété déroutante, à laquelle font face de nombreux individus, se trouve une compréhension particulière de ce que signifie être humain. Cette vision préconise qu'on soit nous-mêmes, qu'on s'appartienne à nous-mêmes et qu'on soit responsable face à nous-mêmes, et seulement face à nous. Si on le croit, et c'est le cas de beaucoup d'entre nous, on peut également croire qu'on doit concevoir et créer notre propre identité unique, qu'on doit être notre propre boussole morale, qu'on doit fixer nos propres limites au bien et au mal, que personne d'autre n'a le droit de faire autorité sur nous, que notre valeur réside dans la reconnaissance et l'affirmation par le monde de l'identité que nous avons créée, et qu'on est les seuls responsables de la construction d'une vie taillée à notre mesure.

Réfléchissons aux conséquences naturelles de la croyance qu'on s'appartient à nous-mêmes. Certes, Dieu nous donne la liberté de faire ce qu'on veut, mais sans Dieu pour nous identifier, nous affirmer, nous guider et nous donner un sens, on est obligés de faire tout cela par nous-mêmes parce que ces choses sont vitales pour l'être humain. On passera le reste de notre vie à créer et à recréer notre identité, à exiger que le monde affirme ce que nous disons être, et à rechercher la validation du monde — et tout cela alors que tous les autres autour de nous font la même chose et obtiennent les mêmes résultats vides et insatisfaisants.

Noble suggère qu'il y a deux voies à suivre quand on croit qu'on est notre propre propriétaire. La première voie est l'affirmation. Je m'attèlerai à être la meilleure version de moi, la version vraie et authentique. Je m'engagerai à me développer personnellement, à m'optimiser pour être

Il existe une voie qui mène à la vie et une autre qui mène à la mort, et la manière dont nous marchons détermine qui nous sommes.

plus grand et meilleur. Je me disciplinerai pour être le ou la meilleure. Je ferai quelque chose de moi. Le monde est parfaitement conçu pour soutenir ma quête de la meilleure version de moi-même : livres pratiques, gourous de développement personnel, gadgets de performance. Je peux rivaliser avec mes propres performances parce que le monde mesure tout pour moi : le nombre de pas que j'ai faits aujourd'hui, le nombre d'heures de Netflix que j'ai regardées, la qualité de mon sommeil, les chiffres de ma chimie corporelle, ma moyenne générale, ma cote de popularité sur les réseaux sociaux, mes amis, ma cote de crédit, mon poids, mes messages non lus, mon solde bancaire. Le monde est parfaitement conçu pour m'aider à m'améliorer en me rappelant le record que je dois battre aujourd'hui pour être meilleur qu'hier. Lorsque je crois que je m'appartiens, je suis responsable de me valoriser, et j'exigerai donc que le monde reconnaisse ma valeur pour que je me sente spécial, aimé et que j'aie l'impression d'être à ma place. Malheureusement, toutes mes réussites ne suffiront jamais à satisfaire le désir d'affirmation qui m'habite.

La deuxième voie est la résignation. J'ai peut-être déjà essayé la voie de l'affirmation, mais j'ai appris que je n'en ferai jamais assez ou que je ne serai jamais suffisamment à la hauteur pour que le monde m'applaudisse. J'ai peut-être compris que le monde ne me dira pas que je suis unique, aimé et apprécié. Peut-être que la compétition constante n'est pas si attrayante que ça, alors autant raccrocher les crampons, car c'est une façon plus efficace d'utiliser mon temps. Le monde est parfaitement adapté à ma résignation. Il me fournira toutes les distractions dont j'ai besoin pour anesthésier mon âme. Je peux me regarder en boucle jusqu'à l'oubli, manger, travailler, jouer à des jeux vidéo, parcourir les réseaux sociaux, faire des publications interminables, me disputer en ligne et bombarder le monde entier avec mes opinions. Le monde est câblé pour mettre à ma portée n'importe quelle entreprise distrayante afin que je continue à consommer jusqu'à ma mort. Je n'aurai plus jamais besoin de créer ma propre identité. Il me suffit de consommer tout ce que je désire parce que je suis à moi et que je m'appartiens.

En quoi la grâce prévenante est-elle une bonne nouvelle pour ceux d'entre nous qui se trouvent à la croisée des chemins ? Je suis heureux que vous ayez posé la question! Le mensonge fondamental de ce monde est que nous sommes propriétaires de nous-mêmes, que nous n'appartenons qu'à nous-mêmes. Tant que nous ne verrons pas ce mensonge à sa juste valeur, il nous définira, nous gouvernera et nous détruira. On finira par se lasser d'être nous-mêmes, car les humains n'ont pas été créés pour donner eux-mêmes le sens à leur vie, définir leur propre moralité ou créer leur propre identité. Il est certainement libérateur, exaltant et même américain de dire des choses telles que « je suis à moi-même », « je trace mon propre chemin » ou « je fais mes propres règles », mais ce mode de vie nous laissera en lambeaux, éreinté, sans but et vides.

Il y a un mot dans le vocabulaire chrétien qui définit ce mensonge : c'est le mot « péché ». L'essence du péché est la souveraineté personnelle — la croyance que nous sommes à nous-mêmes. C'est ce qu'Adam et Ève recherchaient dans le jardin lorsqu'ils ont refusé d'être reconnaissants à Dieu et ont mangé le fruit défendu qui devait faire d'eux leurs propres dieux. Dieu les a laissés

═══

L'identité en Christ reconnaît que nous ne nous appartenons pas.

═══

faire, et le monde tel que nous le connaissons a suivi leurs traces.

La bonne nouvelle pour nous est qu'il existe une compréhension radicalement différente de ce que signifie être humain. Nous ne nous appartenons pas — nous appartenons à Christ. Notre identité se trouve en Christ. Nos voies, nos actions et nos comportements sont guidés par Christ. Notre sens est enraciné en Christ. Dieu nous dit qui nous sommes, que nous avons de la valeur en tant que personne créée à l'image et à la ressemblance de Dieu, que nous appartenons à un peuple, que nous sommes tant aimés que Dieu a envoyé son Fils unique mourir pour nous afin que nous soyons libérés du mensonge du monde. Ce Dieu affirme notre identité et nous guide vers la véritable expression d'une humanité authentique en tant que créatures de Dieu.

Oui, l'identité en Christ reconnaît qu'un autre a autorité sur ce que nous faisons et sur la manière dont nous vivons — parce que l'identité en Christ reconnaît que nous *ne* nous appartenons pas. Mais en Christ, nous n'avons jamais besoin de douter de notre valeur, de prouver notre valeur ou de rivaliser pour être affirmés. Dieu nous donne tout cela gratuitement parce qu'il nous aime comme le monde ne pourra jamais le faire. Nous pouvons connaître cette vérité, et cette vérité nous rendra libres.

« Je vous exhorte donc, frères et sœurs, sur la base de la miséricorde de Dieu, à présenter vos corps comme un sacrifice vivant, saint et agréable à Dieu, ce qui est votre acte d'adoration raisonnable. Ne vous conformez pas au siècle présent, mais soyez transformés par le renouvellement de l'intelligence, afin que vous puissiez discerner quelle est la volonté de Dieu, ce qui est bon, agréable et parfait » (Romains 12.1-2). Cette invitation a été écrite par l'apôtre Paul, un Juif réfléchi et studieux qui a d'abord emprunté la voie de l'affirmation des performances humaines et s'est efforcé de prouver sa valeur (Philippiens 3.4-6). Puis il a rencontré Jésus et a fait l'expérience de la grâce qui l'a devancé sur le chemin de Damas (Actes 9). C'est là que Dieu lui a dit qui il était. Écoutez le témoignage de Paul dans Philippiens 3.4b-11 (MSG) :

> Vous connaissez mon pedigree : une naissance légitime, circoncis le huitième jour ; un Israélite de la tribu d'élite de Benjamin ; un adhérent strict et dévoué à la loi de Dieu ; un ardent défenseur de la pureté de ma religion, au point de persécuter l'église ; un observateur méticuleux de tout ce qui est établi dans le Livre de la loi de Dieu. Les références mêmes que ces gens brandissent comme quelque chose de spécial, je les déchire et les jette à la poubelle, avec tout ce dont j'avais l'habitude de m'attribuer le mérite. Et pourquoi ? À cause de Christ. Oui, toutes les choses que je considérais autrefois comme si importantes ont disparu de ma vie. Comparé à l'immense privilège de connaître Jésus-Christ comme mon Maître, tout ce que j'ai cru avoir pour moi est insignifiant, une crotte de chien. J'ai tout jeté à la poubelle pour pouvoir embrasser Christ et être embrassé par lui. Je ne voulais pas d'une justice mesquine et inférieure qui consiste à suivre une liste de règles, alors que je pouvais obtenir la justice robuste qui vient de la confiance en Christ, la justice de Dieu. J'ai renoncé à toutes ces choses inférieures

pour pouvoir connaître Christ personnellement, expérimenter sa puissance de résurrection, être un partenaire dans sa souffrance et aller jusqu'au bout avec lui, jusqu'à la mort elle-même. S'il y avait un moyen de participer à la résurrection des morts, je voulais le faire.

Il n'est pas étonnant que Paul ait l'habitude de se présenter dans ses lettres comme un esclave de Jésus-Christ. Il sait qu'il n'est pas à lui — il appartient à Christ. C'est en lui qu'il trouve tout son sens et son appartenance. Il est aimé, valorisé et affirmé par Christ. Il est instruit, guidé et enseigné par le Christ. Paul appartient à Jésus. C'est le même Paul qui a écrit : « J'ai été crucifié avec le Christ, et ce n'est plus moi qui vis, mais c'est le Christ qui vit en moi. Et la vie que je mène maintenant dans la chair, je la mène par la foi au Fils de Dieu, qui m'a aimé et qui s'est donné lui-même pour moi » (Galates 2.19b-20).

La grâce prévenante n'est pas simplement un joli morceau de théologie qui nous fait nous sentir bien. La grâce prévenante est l'endroit où nous commençons à expérimenter le sens de l'humanité. C'est ainsi que nous commençons à savoir qui nous sommes. C'est la rampe d'accès à l'autoroute de la vie. Dieu est venu nous montrer le chemin, et tout commence par la connaissance de qui nous sommes par la grâce prévenante de Dieu.

SEMAINE 3 : LE DIEU QUI NOUS RÉVÈLE QUI NOUS SOMMES

JOURNAL ET RÉFLEXION

Faites une pause pour réfléchir à ce que vous avez lu. Qu'avez-vous entendu ? Reformulez-le en vos propres termes. Appropriez-vous-en. Qu'est-ce que Dieu met en exergue dans ce chapitre pour que vous y réfléchissiez davantage ? Qu'est-ce que Dieu vous dit ?

_____

_____

_____

_____

_____

_____

_____

_____

_____

_____

_____

_____

_____

PRIÈRE

Dites à Dieu qui vous êtes. Alors que vous écrivez cette prière à Dieu, que le Dieu qui vous a tissé dans le ventre de votre mère, qui connaît le nombre de cheveux de votre tête et chaque pensée de votre esprit, qui aime chaque parcelle de votre corps — que ce Dieu soit votre identité, votre mode de vie et votre sens, par la puissance de son Fils ressuscité, Jésus.

DISCUSSION

1. Pourquoi la croyance que nous nous appartenons à nous-mêmes est-elle devenue une défense populaire pour faire ce que nous voulons ?

2. Comment la grâce prévenante perce-t-elle le mensonge selon lequel nous sommes souverains de nous-mêmes ?

3. Pourquoi est-il si facile de se laisser entraîner dans les jeux d'identité du monde ?

4. Racontez le moment où vous vous êtes rendu compte que vous ne vous apparteniez plus à vous-même, mais que vous aviez trouvé votre identité en Christ.

5. En quoi le témoignage de Paul aux Philippiens est-il similaire ou différent du vôtre ?

SEMAINE 3 : LE DIEU QUI NOUS RÉVÈLE QUI NOUS SOMMES

NOTES

SEMAINE 4

J'AIME ÊTRE CHOISI

Parler de la grâce prévenante nous place au cœur d'une conversation importante sur l'élection et la prédestination divines. Il existe deux façons de penser à ce sujet : réformée ou wesleyenne.

Selon la conception réformée (ou, comme certains l'appellent, calviniste), Dieu a élu certains individus pour qu'ils reçoivent le salut. On peut également dire que Dieu les a prédestinés à être sauvés, ce qui signifie que Dieu a également prédéterminé leur réponse et leur capacité à accepter le don du salut de Dieu. La perspective réformée admet que l'invitation à la sécurité éternelle puisse être entendue par tous, mais elle maintient que seuls les élus sont habilités à croire et à être sauvés. Une fois qu'une personne est élue (choisie) par Dieu, la grâce de Dieu est irrésistible, ce qui signifie qu'elle ne peut pas passer outre son élection en résistant à la grâce salvatrice de Dieu et en se rendant « non sauvée ». Une fois qu'il a été sauvé, il ne peut rien faire qui puisse invalider son salut. Ils sont éternellement en sécurité en Christ. Il s'agit là d'un résumé de la position réformée, tout en reconnaissant que nos amis réformés peuvent choisir de l'expliquer un peu différemment.

Lorsque les wesleyens parlent du salut, ils disent que la volonté de Dieu est que tous soient sauvés. Comme dans les paraboles de la brebis perdue, de la pièce de monnaie perdue et du fils perdu (ou prodigue), les wesleyens affirment la croyance selon laquelle Dieu va à la recherche de toute créature égarée. Dieu a prédéterminé, ou prédestiné, que tous ceux qui croient en lui soient sauvés. En d'autres termes, les wesleyens croient que nous avons tous le choix en la matière. Le salut est offert à chaque être humain, mais tous ne répondent pas à la

Que nous cheminions avec Christ ou que nous nous en éloignons pendant notre expérience sur terre participe du don du libre arbitre que Dieu nous a fait.

grâce prévenante. Dieu apprécie notre capacité à choisir et nous a donné la possibilité d'accepter ou de rejeter le don de la grâce de Dieu, plutôt que de l'expérimenter comme une force irrésistible. Cela signifie qu'une personne qui accepte la grâce de Dieu et qui est sauvée à un moment donné de sa vie peut choisir, plus tard, de rejeter cette même grâce, de s'éloigner du chemin de Dieu et donc de perdre le salut qu'elle avait auparavant. Que nous cheminions avec Christ ou que nous nous en éloignons pendant notre expérience sur terre participe du don du libre arbitre que Dieu nous a fait.

Personnellement, j'aime la façon dont les wesleyens pensent parce que, comme le dit Bob Benson, « j'aime être chois ». Dans ma jeunesse, Benson prêchait souvent dans les chapelles de l'université dont je suis actuellement le président, et je peux encore fermer les yeux et voir cet homme mince, à la voix grinçante, se tenir devant nous et partager ce qu'il apprenait sur Dieu. Dans l'histoire du choix, Benson partage sa compréhension analogue de la grâce prévenante de Dieu par rapport à l'expérience personnelle de Benson en tant qu'enfant de petite taille et non sportif.

> J'ai toujours été un enfant fragile. Je me souviens des récréations à l'école primaire. Les deux enfants les plus grands et les plus forts de la classe étaient toujours nommés capitaines des équipes de softball. En général, ils se nommaient d'abord lanceurs de l'équipe, puis choisissaient les autres. L'un après l'autre, chaque enfant était choisi pour ses prouesses athlétiques, son amitié, sa taille, jusqu'à ce que tout le monde fasse partie de l'équipe. Enfin, presque tout le monde.

SEMAINE 4 : J'AIME ÊTRE CHOISI

Rien en moi ne l'a poussé à m'appeler.

« Le jeu ne peut pas commencer tant que quelqu'un n'a pas pris Bob », insistait le professeur.

Et l'un des capitaines donnait un coup de pied dans la poussière et disait avec dégoût : « Nous le prendrons. »

Et on m'envoyait généralement jouer derrière le joueur de champ droit. Je crois que je n'ai commencé à frapper qu'en huitième *inning*. Je n'étais pas trop surpris de faire un *strike out* à ce moment-là.

J'aime donc être choisi.

...

Il est donc facile pour moi de comprendre pourquoi il semble que je sois un choix à la fois invraisemblable et illogique. Je peux seulement dire que si cela semble être le cas pour ceux qui ne savent que peu de choses sur moi, imaginez combien cela l'est encore plus pour moi qui sais tout ce que je sais sur moi. Heureusement, le fait d'être choisi ne sort pas de moi, je ne suis qu'un choisi.

La réponse doit être trouvée dans le cœur de l'Électeur. Ce n'est pas quelque chose en moi qui l'a poussé à m'appeler. C'était quelque chose en lui. Tout a commencé dans son amour pour moi. C'est pourquoi ces paroles de Jésus ont une si belle sonorité : « Ce n'est pas vous qui m'avez choisi, c'est moi qui vous ai choisi. C'est moi qui t'ai choisi. »

Ce n'est pas parce que j'ai rencontré Jésus-Christ que, lorsque je l'ai vu, quelque chose en moi a couru à sa rencontre et l'a supplié, en s'accrochant à lui, de me sortir de moi-même et de faire de moi la personne de mes rêves. C'est alors qu'il est venu à moi. Son cœur s'est précipité vers moi. Il s'est accroché à moi. Il m'a dit qu'il ferait de moi la personne que je voulais être. Il m'a vu. Il m'a aimé et m'a choisi. Je ne l'ai pas trouvé. C'est lui qui m'a trouvé.

...

Mais je n'ai pas été choisi pour remplacer quelqu'un qui ne voulait pas servir. On ne m'a pas demandé de jouer sur le terrain que quelqu'un couvrait déjà. Il m'a vu, il m'a appelé, il m'a sélectionné, il m'a choisi, il m'a distingué, il s'est décidé pour moi, il a opté pour moi, il s'est fixé sur moi, il s'est déterminé en ma faveur, il m'a préféré, il m'a épousé. *Il m'a choisi.*

Il ne m'a pas refusé, il ne m'a pas rejeté, il ne m'a pas répudié, il ne m'a pas éconduit, il ne m'a pas écarté, il ne m'a pas exclu. Il ne m'a pas ignoré, il ne m'a pas méprisé, il ne m'a pas renié, il ne m'a pas mis de côté, il ne m'a pas laissé de côté. *Il m'a choisi.*

Ce n'était ni obligatoire, ni exigé, ni demandé, ni mérité, ni nécessaire, ni impératif, ni obligatoire, ni forcé. *il m'a juste choisi.*

C'était son choix conscient, volontaire, réfléchi, sélectif, délibéré, intentionnel. *Il m'a choisi.*

Par dévotion, affection, adoration, tendresse, attachement, émotion, sympathie, empathie et amour, *il m'a juste choisi.*

Et c'est ce qui a fait toute la différence dans ma vie.[1]

---

1. Bob Benson, *"See You at the House": The Stories Bob Benson Used to Tell*, ed. R. Benson (Nashville: Generoux, 1986), 13, 14, 15.

JOURNAL ET RÉFLEXION

Faites une pause pour réfléchir à ce que vous avez lu. Qu'avez-vous entendu ? Reformulez-le en vos propres termes. Appropriez-vous-en. Qu'est-ce que Dieu met en exergue dans ce chapitre pour que vous y réfléchissiez davantage ? Qu'est-ce que Dieu vous dit ?

_____

_____

_____

_____

_____

_____

_____

_____

_____

_____

_____

_____

_____

_____

SEMAINE 4 : J'AIME ÊTRE CHOISI

PRIÈRE

Remerciez Dieu en vos propres mots pour son amour vous a touché alors que vous ne pouviez pas accéder à Dieu.

DISCUSSION

1. Certains ont dit que, en jetant un regard en arrière, la version Réformée du salut est la plus logique, que c'était la pensée originelle de Dieu pour eux et qu'ils ont été emportés par la grâce à laquelle ils n'ont pas pu résister. D'autres ont dit que, dans la perspective du lendemain, la version Wesleyenne est la plus logique, à savoir que Dieu nous a rendus capables de faire des choix responsables, mais qu'il ne nous a rien imposé. Quelle est l'explication qui vous semble la plus logique ?

2. Bob Benson affirme que l'élection dépend davantage du cœur de celui qui élit que des qualifications de celui qui est élu. Qu'est-ce que cela signifie ?

3. Pourquoi sommes-nous enclins à croire que nous devons nous rendre dignes de la grâce de Dieu ? Où apprenons-nous cela ?

4. En quoi la réalité de la grâce de Dieu, qui aime, qui cherche, qui recherche, est-elle une bonne nouvelle pour le monde d'aujourd'hui ? Comment diriez-vous cela à quelqu'un qui ne connaît pas Dieu ?

5. Qu'avez-vous appris et expérimenté sur la grâce prévenante au cours de ces quatre dernières semaines ?

NOTES

NOTES

TABLE DES MATIÈRES

SEMAINE 1
Où est Dieu?
3

SEMAINE 2
Corneille et Pierre
19

SEMAINE 3
Le Dieu qui nous révèle qui nous sommes
35

SEMAINE 4
J'aime être choisi
51

www.ingramcontent.com/pod-product-compliance
Lightning Source LLC
Chambersburg PA
CBHW060542080526
44586CB00012B/820